# Caminos Divergentes

## NAVEGANDO LA
## SEPARACIÓN CON AMOR

# Caminos Divergentes

## NAVEGANDO LA
## SEPARACIÓN CON AMOR

# DRA. SILMA QUIÑONES

PRIMIX
PUBLISHING
THE WRITE CHOICE

Primix Publishing
485c US Highway 1 South
Suite 100
Iselin, NJ 08830
www.primixpublishing.com
Phone: 1-800-538-5788

Published by Primix Publishing: 10/08/2024

ISBN: 979-8-89194-267-7(sc)
ISBN: 979-8-89194-268-4(e)

Library of Congress Control Number: 2024913580

# Contenido

# Introducción

Una gran parte de mi trabajo como psicóloga ha estado dedicada a ayudar a personas que consideran separarse de sus parejas. En numerosas ocasiones, la respuesta a mi pregunta inicial: "¿Qué te motiva a buscar ayuda?" ha sido la siguiente:

"Doctora, no estoy segura si estoy mal, pero no quiero cometer errores. He estado reflexionando durante un tiempo y siento que el amor ha desaparecido en mi relación. Ya no tengo deseos sexuales y en vez de compartir con él prefiero estar con otras personas. Incluso cuando pienso en volver a casa, busco excusas para retrasarme. Voy al supermercado, a las tiendas, o realizo cualquier diligencia antes de llegar a casa. Sin embargo, la idea de separarnos me aterra; temo arrepentirme. Me pregunto si esto es solo una fase pasajera o si el problema soy yo. No me atrevo a hablar de esto en voz alta, ni siquiera con mis amigos o familiares. A veces pienso en el dolor que les causaría y, por ahora, prefiero aferrarme a la esperanza de que algo mágico pueda revivir nuestro amor y salvar la relación."

También he recibido a personas que están afligidas porque su pareja le ha dicho que no quiere continuar a su lado. Por ejemplo:

"Estoy sufriendo mucho porque mi pareja me dijo que ya no quiere continuar en la relación conmigo. Me paso llorando, y no duermo. Yo me desespero cuando lo llamo y no me contesta el teléfono. Yo no puedo imaginar mi vida sin él. Se que tenemos problemas y él me ha dicho que debemos buscar ayuda, pero todo el mundo tiene problemas. Yo no conozco ninguna relación sin problemas y hay muchas cosas buenas entre nosotros. Le dije que estoy dispuesta a buscar ayuda y me contesta que ya es muy tarde. Me dice que yo busque ayuda para estar bien porque él ya no me ama. Aunque él me lo niegue , yo sé que todavía hay amor, yo lo amo y no me quiero rendir ".

Es comprensible que recibir esa noticia sea doloroso y desencadene una serie de emociones tales como: tristeza, coraje, incertidumbre (shock) y mucho miedo al cambio. Estas emociones pueden ser abrumadoras especialmente cuando son provocadas por la contemplación del fin de una relación de pareja. Este proceso es complejo y doloroso, ya que las emociones pueden surgir de forma inesperada. Por ejemplo, podrías estar conduciendo y de repente sentir la necesidad de llorar sin control, o estar en el trabajo experimentando rabia e indignación por lo que tu pareja te ha dicho. La intensidad de estas emociones puede dificultar la capacidad de mantener la calma o de llevar a cabo tareas cotidianas.

La creencia en el poder del amor y la idea de que una relación duradera es posible nos hace sentir confundidos cuando consideramos terminar la relación o enfrentamos una separación. Nos resistimos a aceptar la realidad: "Esto no puede estar sucediendo". La realidad es que las estadísticas muestran un alto número de divorcios y separaciones. En España, por ejemplo, la duración promedio de los matrimonios es de alrededor de **16 años,** y se estima que **12 matrimonios se divorcian cada hora.** <u>Curiosamente, solo alrededor del **5% de las parejas**</u> <u>que se divorcian se arrepienten y deciden reconciliarse después de la separación.</u> Por otro lado, las parejas que conviven sin estar casadas legalmente tienden a permanecer juntas por un periodo de tiempo menor que las parejas casadas.

La separación es un proceso difícil y doloroso. Salir de una relación de pareja puede ser más complicado que entrar en ella. La ruptura de la relación de pareja ocupa uno de los primeros lugares en la lista de factores que pueden provocar una crisis emocional. Separarse de la pareja genera más angustia y tensión que estar encarcelado o quedarse sin empleo. Tanto la persona que decide separarse como la que es dejada experimentan una tormenta emocional. Sentimientos como coraje, la tristeza, la frustración, ansiedad y desesperación son comunes durante este proceso, pudiendo llevar a la depresión, la negligencia, e incluso al suicidio.

El dolor asociado con un "corazón partido" es real y puede manifestarse como un fuerte dolor en el pecho que dificulta mantener las rutinas diarias. En el cerebro, la región llamada ínsula se activa tanto en situaciones de dolor físico como en una ruptura sentimental. Aunque el corazón no sufre una herida física real, el cerebro la interpreta como una herida genuina. Superar una ruptura o aceptar que ya no nos aman es un desafío emocional que no se resuelve fácilmente. No es cierto que un nuevo amor cure la herida de la ruptura, por lo que es importante abordar la separación con seriedad, comprensión y respeto hacia cada persona: la que deja y la que es dejada.

Las relaciones de pareja son complejas y, a veces, la separación puede ser una decisión necesaria para el bienestar de ambas personas involucradas. Permíteme ofrecerte algunas reflexiones sobre este tema:

○ El amor es un sentimiento poderoso y, a menudo, nos hace pensar en un futuro compartido con la persona amada. Pensamos que será para toda la vida. Sin embargo, la duración de una relación no siempre es un indicador de su calidad o éxito. Es esencial recordar que la comunicación, el respeto, la confianza y la compatibilidad son elementos clave para una relación saludable, independientemente de cuánto tiempo dure.

○ A veces, las intensas emociones de los primeros meses o años pueden confundirse con amor profundo y eterno, pero es importante entender que las relaciones evolucionan con el tiempo y pueden cambiar. Es crucial ser consciente de que el amor requiere esfuerzo, comunicación y adaptación a medida que las circunstancias y las personas involucradas evolucionan.

○ La decisión de seguir con alguien no debe basarse únicamente en la emoción del momento, ya que las relaciones saludables también requieren compatibilidad, respeto y comunicación efectiva. Existen relaciones tóxicas y no saludables en las que se siente amor. En estos casos, la separación es lo más recomendable, aunque todavía se sienta amor por la persona.

○ Las relaciones que no duran toda la vida no son necesariamente una pérdida de tiempo. Durante la relación, puede haber mucho crecimiento y cambios en la forma de ver la vida y comportarse. Puede ser que hayas madurado y crecido a un ritmo diferente al de tu pareja, o viceversa. Cuando esto ocurre, la relación puede volverse difícil no porque sea tóxica, sino porque ya no es congruente con quien te has convertido. Por lo tanto, a veces, las separaciones pueden ser oportunidades para crecer y aprender.

○ Es importante reconocer cuándo una relación ya no es saludable y tomar decisiones que beneficien a ambas partes. Reconocer las señales de una relación tóxica o poco saludable es fundamental para el bienestar emocional y mental de ambas personas involucradas. Tomar decisiones que promuevan la salud y el crecimiento personal es esencial para mantener relaciones positivas y constructivas.

○ La separación no debe considerarse una traición a la religión o la familia. Cada persona merece su felicidad y bienestar, y es importante priorizar el bienestar emocional y la autenticidad en las relaciones. Lo que parece ser un abandono a los valores religiosos puede ser la reafirmación de un valor más profundo, tal como: "amarás al prójimo como a ti mismo". No debes abandonar el amor propio. Especialmente en las relaciones de pareja, sacrificar tu bienestar emocional y físico por una relación que ya no es saludable no es una afirmación de los valores de la mayoría de las religiones.

○ Aceptar que una relación ha llegado a su fin puede ser doloroso, pero también puede ser liberador y permitirnos avanzar hacia nuevas experiencias. La experiencia es una oportunidad para reflexionar y realizar cambios fundamentales en nuestra manera de pensar, ver la vida, actuar y comportarnos. La separación de una relación que ya no es saludable es la oportunidad de reafirmar que todos tenemos la posibilidad de crecer y ser felices.

En última instancia, cada relación es única, y lo más importante es que las decisiones se tomen con respeto y cuidado hacia uno mismo y hacia el otro. La separación no siempre es un fracaso; a veces, es simplemente un nuevo comienzo. Si te encuentras en un proceso de separación, no importa si tú lo iniciaste o te lo impusieron, es normal que te sientas que estás atravesando una crisis. El proceso y el impacto de una separación depende de una multiplicidad de factores complejos, que tienen mucha carga emocional. El entender cuáles son esos factores y cómo te afectarán, te ayudará a sobrevivir la crisis y a crecer con ella. Aunque parezca imposible, puedes convertir el proceso de separación en una experiencia de mucho crecimiento personal. He conocido mujeres y hombres que viven el proceso con mucho sufrimiento y desespero. Tanto así que piensan en suicidarse y físicamente se deterioran muchísimo. Pero luego de reflexionar y realizar cambios en su forma de pensar y actuar cambia como se sienten. Crecen de muchas maneras y al cabo de un tiempo lucen más joven, más atractivos y saludables. Comparto contigo el ejemplo de Sara. Después de 22 años en una relación de pareja en la cual procrearon 3 hijos y ya tenían un nieto recién nacido, ella decide explorar la posibilidad de separarse de su esposo. Me cuenta ella:

"Yo me mantuve en mi rol de esposa, fiel a lo que mis padres y la iglesia me aconsejaban y esperaban de mí. Me casé muy joven y al año ya estaba embarazada. Luego tuve 2 hijos más, uno seguido del otro. Me dediqué a cuidarlos y ser una buena ama de casa. Le tengo aprecio a mi esposo, pero no siento amor. Me molesta mucho su forma de ser. Desde un principio discutíamos porque él es muy pasivo. No habla mucho y yo tengo que adivinar qué está pensando. Además de que no me dice lo que piensa y siente, es muy lento para tomar decisiones, no tiene iniciativa y si no fuera por mi insistencia ni casa tendríamos. Él no cultiva amistades ni procura a su familia. Él es feliz yendo al trabajo, llega a casa, cena y se sienta a ver televisión hasta la hora de acostarse a dormir. Ya ni sexo tenemos. Yo soy su sirvienta, le lavo la ropa, le cocino, limpio la casa y atiendo a nuestros hijos. Se que si lo dejo va a sufrir porque se quedará solo y él no sabe cuidarse".

Sara tomó la decisión de divorciarse. Al principio de su divorcio cuando venía a las sesiones de consejería psicológica se veía triste y con muchas señales de que el proceso de separación era uno muy doloroso. Físicamente se veía deteriorada y las amistades le aseguraban que su deterioro era señal de que se había equivocado al divorciarse. Sin embargo, al cabo de pocos meses la observé cambiada. Venía a las citas con apariencia más juvenil, se cambió el peinado y el estilo de vestirse, cambió sus rutinas y comenzó a estar activa fuera de la casa e incluso logró tener un empleo a tiempo parcial. Parecía 15 años más joven. La última vez que supe de ella me dijo que sus amigas le envidiaban su tranquilidad y personas conocidas le preguntaban si se había hecho cirugía plástica por lo bonita que estaba.

Como psicóloga, mi objetivo es ayudarte a explorar tus sentimientos y encontrar una manera saludable de manejar este desafío. Si estás considerando la separación, si ya has decidido divorciarte o si te han anunciado que no quieren continuar en la relación la experiencia es compleja y puede marcar tu vida de manera positiva o muy negativa. Mis años de experiencia como psicóloga me han permitido identificar situaciones y desafíos que son clave para lograr manejar esta situación de forma que puedas aprender y crecer de esta experiencia. Este diálogo contigo no substituye la psicoterapia, pero comparto contigo lo que espero te ayude a entender con más claridad lo que estás viviendo, a tomar decisiones importantes y a manejar la experiencia con amor, respeto y mucho crecimiento personal.

# Los primeros indicios de que
# el amor se está apagando

El anuncio del rompimiento de una relación no es el inicio de la separación de una pareja. Por lo general, las personas llegan al momento de la ruptura oficial luego de haber vivido un proceso largo de separación emocional. En mi experiencia, he observado que muchas personas prolongan demasiado tiempo el tomar la decisión de separarse debido al miedo a cometer errores y buscando evitar el dolor y los contratiempos que pueden surgir de un rompimiento. "No quiero que mis hijos sufran, no quiero que mi pareja sufra, tampoco mi familia que tanto lo quiere". Si la persona siente algo de compasión tiende a amarrarse a ese sentimiento para evitar provocar lo que entiende será una crisis para muchos. Una de mis clientas me confesó que lo que la hizo buscar ayuda fue la muerte del esposo de su tía. Narró ella:

> "Estábamos en la funeraria, ya para cerrar el ataúd, cuando la viuda irrumpe en llanto y en gritos reclama que no se lo lleven. "No estoy lista, no puedo, no me lo quiten" decía mi tía. La escuché y recordé el dicho, "después del tercer día el muerto apesta". Pensé, si ya murió, ya murió. De momento me identifiqué con sus palabras y entendí que yo estaba haciendo lo mismo con mi matrimonio. Con tal de no sufrir más, estaba negando la realidad del final de la relación."

En las sesiones que tuvimos luego de su revelación ella estuvo identificando su patrón de evadir situaciones y decisiones difíciles. Reconoció que muchas veces su renuencia a tomar decisiones y actuar a base de éstas la llevaba a sufrir por mucho tiempo y de manera innecesaria. Cuando finalmente actuaba, descubría que el posponer tomar acción no lo hacía menos doloroso. "Después de años "arrastrando los pies" me arrepiento y me reclamo haber tardado tanto tiempo en tomar acción."

Para algunas personas, la espera para "un buen momento" las lleva a perder oportunidades para crecer que le hubieran facilitado la independencia económica luego de la separación. Otras esperan tanto que su pareja se les adelanta y pide el divorcio o la separación, pero bajo condiciones y términos que les favorece a ellos. Cuando la otra persona es quien toma la iniciativa de la separación tiene, por ejemplo, la oportunidad de declararle a familiares y amistades su versión de la ruptura. Adivina a quién le echará la culpa de la separación.

Existen parejas que se unen oficialmente aun cuando no se aman, por lo que en esos casos la separación comienza antes del compromiso formal. Es crucial entender que la mera convivencia no constituye una relación de pareja si no hay un compromiso genuino y voluntario de parte de ambas personas. De hecho, hay innumerables factores que pueden llevar a alguien a romper ese compromiso, tantos como las razones que existen para amar o dejar de amar. Por ejemplo, muchas personas que toleran o perdonan la infidelidad terminan separándose de sus parejas no porque le fueron infiel sino porque sienten que no reciben la atención que merecen.

"No me importa que de vez en cuando busque a otra mujer para satisfacer sus necesidades de hombre, pero no puede ser que a ella le tenga mayores regalos y atenciones que a mí. Me duele enterarme que con ella disfruta eventos artísticos y a mí ni siquiera esté dispuesto a acompañarme a una fiesta con amigos."

Otros toleran la falta de pasión sexual, pero no perdonan que su pareja les mienta. Por ejemplo:

"Yo ya me he acostumbrado a solo tener sexo de vez en cuando con ella. Pero me enfurece que ella me oculte el dinero que le da a su hermano. Ella le tiene pena y cuando él le pide dinero para pagar sus cuentas ella siempre lo ayuda. Luego me pide dinero a mi porque el dinero no le da para pagar las cuentas de sus tarjetas de crédito, eso me produce mucho coraje. Sé que no me dice la razón de por qué el dinero no le da. Ella conoce mi opinión al respecto. Su hermano es un irresponsable y ella, por la pena que le tiene está dispuesta a mentirme. Ella me está traicionando cuando me miente. Y yo me pregunto si también me miente en otros asuntos. Ya no confío en ella y cada vez dudo de su sinceridad, incluso no le creo cuando me dice que me ama".

Hay situaciones que en la vida cotidiana de la pareja surgen con frecuencia y que producen malestar y disgusto. Algunas son simples, pero provocan discusiones intensas e hirientes. Aquí algunas de las quejas frecuentes:

No corre la cortina del baño.

No le pone la tapa a la pasta dental, no importa cuántas veces le pida que lo haga.

No echa la ropa sucia dentro del cesto.

No paga las cuentas a tiempo.

No apaga las luces al acostarse.

Cuando le hablo, no me presta atención.

Siempre está pendiente del celular.

No se viste ni maquilla a tiempo para llegar puntualmente a las actividades.

Cuando dos personas se unen en una relación de pareja, traen consigo patrones de conducta, una variedad de expectativas y múltiples diferencias individuales. Al inicio de la relación se tiene la esperanza de mantener el amor, la felicidad y la estabilidad no importa los retos que les traiga la vida y la relación de pareja. Sin embargo, en el proceso de interactuar, especialmente si conviven como pareja surgen muchos conflictos, roces y dificultades que pueden representar oportunidades de crecimiento, pero también pueden ir desgastando el amor que sienten el uno por el otro.

Estas situaciones que parecen pequeñeces y sin mayores consecuencias tienden a producir mucho resentimiento que se va acumulando hasta provocar el desamor. Son hábitos que se repiten en piloto automático y con frecuencia, de tal manera que provocan la interpretación de que la pareja no cambia por falta de interés de parte de la persona y peor aún, por falta de amor. Esa percepción se une a otras instancias que para la pareja reafirman que está en la relación con la persona equivocada. Para la persona frustrada, se convierte la relación en un ejercicio de tolerancia. Toleran porque no están listas para tomar la decisión de romper la relación por "tonterías". Algunas toleran por muchos años, otras no. En realidad, sólo cada individuo conoce cuál es su punto máximo de tolerancia. No se puede predecir cuál va a ser la gota que colme la copa.

En mi consultorio escuchaba, tanto a hombres como a mujeres, hablar sobre la razón que los llevaba a decidirse por la separación, muchas veces no era nada nuevo en sus vidas. Me relataban ejemplos múltiples de conductas que se repetían y que habían tolerado a través de los años. Vivían mucha frustración cada vez que se repetía la conducta. Con cada instancia de dicha conducta surgía el malestar que muchos describen como una "espinita en el corazón". Lo que si era cierto es que una vez esa tolerancia se acababa, no importaba si la persona lograba cambiar su conducta y hasta mejorar en otras áreas, ya no había vuelta atrás. Ya no había deseos de permanecer en la relación, ya no sentían amor.

"Doctora, ahora me lleva café a la cama, me llama durante el día y me pregunta cómo estoy, atenciones que nunca tuvo conmigo y que ahora en vez de agradarme me irritan. Ahora es muy tarde. Lo debió haber echo cuando se lo pedía."

Si se percibe que el fracaso de la relación se debe a que la otra persona no se esfuerza, no entiende o no le interesa cambiar, esos retos van sembrando la semilla de la ruptura. La separación comienza justo en el momento en que la pareja deja de trabajar por la relación y no cuando surgen dificultades o eventos traumáticos. Cuando una de las dos personas deja de esforzarse por mantener viva la relación, ahí comienza la separación.

El abandono emocional y el desapego de la relación se manifiesta de diferentes maneras. Si ya no sientes que amas es muy probable que el desamor comenzó cuando tu pareja hizo o dijo algo que registraste como señal que puso en duda su amor.

Es posible que al inicio te sentías amada, pero algo pasó que en tu mente se registró una señal que puso en duda ese amor. Para algunas personas eso pudiera ser una traición, ya sea de carácter sexual o la falta de apoyo en un evento crítico. Las mujeres valoran mucho la confianza en su pareja y el apoyo en momentos difíciles. La falta de acompañamiento físico o atención en situaciones dolorosas puede llevarla a sentirse sola y cuestionar la relación.

Una señal de que la relación no va a durar mucho más tiempo es que se critique mucho a la persona cuando surgen problemas o situaciones difíciles. Si en vez de conversar sobre la situación se critica a la pareja, ya sea porque se entiende que ha provocado el problema o porque no parece ayudar a resolverlo, esa crítica va deteriorando la relación. Reclamos tal como: "no me comprende, no me entiende, no me escucha, me critica tanto que no me siento amado." son frecuentes. Cuando la conversación se convierte en acusaciones y reclamos personales tanto uno como el otro se resienten y se decepcionan.

La situación o incidente que provoca la decepción original y el reclamo típicamente se olvida, pero eso no significa que su impacto negativo haya desaparecido. Sin tenerlo consciente, cuando surge otro episodio parecido, el malestar que produce se suma a los anteriores. El tiempo que pase entre un incidente y el otro no le resta importancia ni trae el olvido. He escuchado parejas narrar incidentes ocurridos 10 años antes con la misma intensidad emocional que vivieron en la experiencia original.

La mayoría de las veces la persona abandona el compromiso no por una situación nueva y conflictiva, sino por un elemento que siempre ha estado en la relación. Una pareja llega a mi consultorio a raíz de la frustración por parte del hombre de que su esposa lo humillaba frente a los hijos. Comparto uno, entre muchos, de los ejemplos que él relató.

> "Yo me detengo en un servi-carro a comprar una hamburguesa porque iba de camino a casa cansado y con mucha hambre. La llamo para preguntarle si quiere que le compre algo para ella, pues le gustan mucho las hamburguesas del establecimiento. Me dice que le lleve una con papitas fritas. Cuando llego a casa y le entrego su pedido me reclama que no está la salsa que ella siempre pide para las papitas. Ella me reclama:
>
>> "Dónde está la salsa. Tú sabes que yo siempre pido esa salsa. ¡Tú siempre! Si no te digo las cosas no se te ocurren. Algo tan sencillo. Tan inteligente

que eres para unas cosas y tan bruto y anormal para otras. Solo piensas en ti, apuesto a que lo tuyo está completo. Claro, tú primero, tú segundo, tú tercero y los demás no existimos. Además de bruto, eres egoísta".

Yo me quedé callado porque no quería que los nenes nos vieran, una vez más, discutiendo frente a ellos".

La separación puede llegar cuando la acumulación de ese elemento conflictivo llega al nivel máximo de tolerancia de la persona. Cuando se pierde la esperanza de que la otra persona va a cambiar, el desamor se profundiza. En la relación, los cambios que se piden van acompañados de la convicción de que el amor que se le tiene a la persona que pide el cambio va a ser motivo suficiente para que se esfuerce y logre el cambio. Cuando no surge el cambio se concluye que el fracaso se debe a la falta de amor. Entiéndase: si la persona no cambia es porque no le interesa cambiar y no le interesa cambiar porque no me ama. Es una lógica que entonces provoca el pensar "pues si no me ama, yo no debo amarla".

Esa línea de pensamiento no toma en cuenta que hay rasgos de personalidad y conductas que por más amor o buena intención que haya la persona necesita ayuda profesional para lograr cambiar. Por otro lado, hay veces que la persona no entiende la petición que le hacen, o no registra la urgencia de la necesidad de realizar el cambio y piensa que tiene tiempo para cambiar más tarde. Lo cierto es que la pareja frustrada vive su frustración como un desamor. La separación puede llegar cuando la acumulación de ese elemento conflictivo llega al nivel máximo de tolerancia de la persona. La persona frustrada ya no percibe a su pareja de la misma manera.

Por otro lado, hay personas que con solo una instancia o evento llegan al desamor. No ha habido una serie de eventos o conductas que se repitan o recuerdo del pasado que lo asocie con el desamor. Lo que viven es muy poderoso. Por ejemplo:

"Cuando la conocí por primera vez, algo en mi hizo "clic". Pero por lo que hizo ayer me di cuenta de que ella no me ama, siento que algo dentro de mí se apagó. En ese instante ya no sentí amor por ella".

Otra persona me cuenta:

"En el último encuentro sexual él me hizo un comentario sobre mi apariencia. Luego me insistió que había sido solo un error y que no estaba pensando bien cuando lo hizo. Desde ese incidente la intimidad ya no es igual, hasta su olor me repugna".

Asimismo, la separación puede llegar por una experiencia particular relacionada a alguna conducta que es considerada intolerable, tales como la infidelidad. Algunas de las personas a quienes he acompañado como terapeuta han descrito ese cambio de sentimiento de forma muy particular. Veamos unos ejemplos:

*María llevaba cinco años de convivencia con su pareja. Aunque habían enfrentado muchos conflictos debido a las diferencias en las horas de trabajo, dificultades económicas, enfermedades físicas y situaciones familiares, Marta se sentía comprometida con la relación.*

*Un día, en medio de la conversación, su pareja hizo un comentario que para ella delató su renuencia a que María lograra establecer una carrera profesional. "No sé porque insistes en estudiar tanto para tener un salario mínimo cuando yo siempre voy a ganar más dinero que tú". Sus palabras la hirieron profundamente pues siempre había pensado que él la apoyaba tanto como ella a él en sus aspiraciones profesionales.*

*Desde entonces María comenzó a alejarse de su pareja hasta separarse.*

La revelación de que su pareja no respete y apoye sus talentos y ambiciones produjo en ella un sentimiento de traición y abandono. Esos sentimientos son contrarios a sus expectativas de que la pareja sea un aliado, un cómplice en el logro de metas y ambiciones de vida.

Las mujeres hoy día pudieran cumplir con algunos aspectos de los roles tradicionales de la mujer casada, pero para muchas no es aceptable que estar en una relación de pareja implique que ella abandone sus aspiraciones personales, pero que tenga que apoyar las de su pareja. Este conflicto provocado por una desigualdad cultural también se observa en la experiencia de la infidelidad.

La infidelidad no siempre surge por las mismas razones ni de la misma manera. Hay personas que por inmadurez se dan permiso para disfrutar un encuentro sexual con otra persona y confían en que no serán descubiertos y que no habrá mayores consecuencias. Otras tienen fallas en su personalidad que los llevan a mentir, a no asumir responsabilidad por sus acciones, a ser de caprichos y a darse permiso de disfrutar lo que muy bien saben es inaceptable. Por otro lado, hay hombres que piensan que culturalmente es aceptable ser infiel si cumple con su pareja en otras áreas. Para ellos la sociedad y la cultura les dan permiso para ser infiel. En el extremo de la experiencia de la infidelidad están aquellas personas que biológicamente viven mucha necesidad sexual, que viven la "adicción al sexo". Para estas, aunque en su relación el sexo sea positivo, la frecuencia no es suficiente para satisfacer su necesidad y apetito sexual. Estas personas pueden vivir el temor, la angustia, el miedo a ser descubierto y a sufrir consecuencias, pero no logran controlarse.

Las personas inmaduras viven la infidelidad y luego maduran y comprenden que darse ese permiso no es correcto y que perder a su pareja por encuentros sexuales no vale la pena. Si nunca lo verbaliza y su pareja nunca se entera, psicológicamente se puede archivar en la mente como una experiencia de aprendizaje. No es necesario confesar experiencias o errores que ya no se repiten y que la persona ya ha superado.

Sin embargo, si la pareja lo descubre y lo confronta, la tentación de negarlo es muy fuerte. En mi experiencia profesional, aceptar los hechos y la responsabilidad abona mucho más a la superación de la crisis que surge cuando son confrontados con algunas evidencias de infidelidad. Cuando la persona lo niega para evitar consecuencias o evitar provocarle dolor emocional a su pareja le añade el elemento de la mentira y la desconfianza a un nivel mucho más profundo y difícil de superar. Sin embargo, cuando se acepta el error y se asume la responsabilidad por los actos hay un resentimiento que es inevitable, pero que se puede sanar. Toma tiempo pues es una herida, y las heridas no sanan de la noche a la mañana.

Es sumamente importante aceptar la responsabilidad de la conducta infiel. No debe haber una aceptación a medias en la cual se justifica la infidelidad y menos si insinúa que la pareja provocó la infidelidad. Si existen conflictos y descontentos, estos pueden trabajarse de muchas otras maneras. Pedir perdón es una señal positiva de arrepentimiento si es sincero. Sin embargo, hay personas que acostumbran a pedir perdón, pero como una forma de manipulación y continúan cometiendo el mismo error.

Si sospechas que tu pareja aún mantiene una relación con otra persona es más saludable terminar la relación y darle tiempo para que descubra sus verdaderos sentimientos. Presenciar a tu pareja saliendo y regresando de encuentros amorosos con otra persona puede ser muy doloroso, humillante y difícil de sanar para la autoestima y el orgullo personal. Terminar la relación te brinda la oportunidad de sanar y evaluar si la relación realmente vale la pena y si estás dispuesta a pasar por el proceso necesario para superar una herida tan profunda.

En muchas ocasiones he observado cómo la persona que termina la relación logra superar la crisis inicial, mientras que la persona infiel continua durante un tiempo con la otra persona. Con el tiempo, descubre que la nueva pareja no le ofrece lo que valoraba de la relación anterior y regresa buscando una nueva oportunidad. Algunos, por otro lado, buscan a su expareja y la convierten en su amante, invirtiendo los roles. La que originalmente era la esposa ahora se convierte en la amante.

Si estás dispuesta a perdonar, pero temes equivocarte o temes no lograr sanar las heridas pueden buscar ayuda profesional para superar la crisis. Perdonar no requiere olvidar, perdonar es no castigar a la persona que ha errado. Para aquellas personas que le parecía injusto perdonar sin que hubiese consecuencias, yo sugería establecer una consecuencia o costo por la infidelidad para establecer un límite. El costo o consecuencia podría ser un regalo especial, un capricho para la pareja que quiere perdonar. Ese costo lo determina la persona a quien le han sido infiel, no la persona infiel. De la misma manera que el criminal no es quien establece el castigo. En mi experiencia, en esos casos cuando surgía el resentimiento o sentimiento de injusticia el regalo concedido aliviaba el malestar. Por otro lado, la persona infiel tenía como recordatorio de que la infidelidad no vale la pena cada vez que tenía que enviar el pago del regalo, por ejemplo.

Una señal certera de que el desamor ya está presente en la relación es la distancia física que se da entre ambos. El nivel de distancia física entre dos personas puede revelar que se atraen, pero también el que se da entre los miembros de una pareja puede indicar cuán avanzada y cercana está la separación. En la etapa inicial de las relaciones se observa un patrón de querer estar cerca físicamente. Los enamorados quieren verse y compartir en espacios públicos y privados. En los encuentros sociales y con familiares es muy común observar que donde está uno está el otro. Si se mueve una por alguna razón al poco tiempo la otra persona también se mueve hasta estar cerca nuevamente. Donde va uno va el otro. Si están sentados en un sofá, por más grande que sea, los ves muy pegaditos. Cuando caminan por las calles van tomados de la mano o uno al lado del otro. "¿Dónde nos encontramos?". "Búscame", "Yo llego allí", son frases frecuentes que demuestran el deseo de estar físicamente cerca. Aunque la relación se complique y atravieso retos, si no hay desamor, ese patrón se mantiene. He visto parejas que llevan décadas unidos y cuando se sientan juntos lo hacen con muy poco espacio entre ambos.

Por otro lado, con frecuencia observé un patrón muy particular en las parejas que vivían el desamor. Cuando surgen oportunidades para estar físicamente cerca o a solas, en vez de desear y disfrutar ese tiempo íntimo sin interrupciones de los hijos o de allegados, planifican compartir con otros. Por ejemplo, invitan a sus amistades a una barbacoa en el patio de su casa. Durante el encuentro se ocupan de ser anfitriones y "disfrutar" el encuentro. Cuando terminan están tan cansados que se retiran al cuarto a dormir y ni siquiera comparten sus impresiones del día.

La distancia física suele surgir como resultado de resentimientos no expresados, secretos, desconfianzas, decepciones, maltratos o descuidos. No surge porque llevan mucho tiempo juntos o por que los hijos se interponen.

Otra conducta preocupante que abona al distanciamiento es la atención prestada a los teléfonos celulares, en momentos en los cuales podrían estar conversando y disfrutando de la compañía de su pareja. A menudo se puede observar a parejas en un restaurante, sentados uno frente al otro, pero sin hablar ni mirarse. Están mirando sus celulares en silencio mientras esperan la comida. No se observa un diálogo sobre lo que leen o ven en sus celulares. Cuando les sirven la comida, miran más al mesero que a su pareja.

Los viajes en cruceros y viajes a lugares turísticos suelen ser espacios para disfrutar en pareja. La ilusión de disfrutar de unas vacaciones del trabajo y descubrir lugares y aventuras se promueve con frecuencia con imágenes de parejas felices y enamoradas. Las habitaciones de hotel, las piscinas de ensueño contribuyen a la fantasía de que la pareja vivirá momentos íntimos, mágicos e inolvidables. Sin embargo, si hay distanciamiento emocional en la relación al planificar viajes lo hacen en grupo, con amigos o familiares. Son pocos los momentos en los que están sin distracciones o interrupciones de otros. Pareciera que son muy sociables y disfrutan compartir con la familia. Sin embargo, la ausencia de la intimidad física es una señal de que la intimidad emocional ya no es la misma que antes. Si no se aborda esa distancia a tiempo, puede aumentar hasta volverse insuperable.

**Todo lo que contribuya a crear distancia emocional**

**y a forjar una vida no compartida con la pareja tiende a contribuir a la separación.** Esto no significa que la relación esté en peligro si una o ambas personas tienen la capacidad de desenvolverse sin depender de su pareja. Sin embargo, es importante entender que para ser independiente no es necesario excluir a la pareja de las vivencias. El trabajo, los hijos, las amistades, la religión, la política y la familia de origen tienen la capacidad de absorber a la persona al punto de hacerla excluir a su pareja. Es la persona quien decide si se deja absorber y abandonar la relación. Por otro lado, el establecer amistades, actividades e intereses que no compartas con tu pareja aumenta el riesgo de abonar a la distancia que existe entre ustedes.

Al proceso de distanciamiento emocional y separación también contribuyen, sin que nos demos cuenta, situaciones tales como: la diferencia de horario de trabajo que impide que la pareja coincida para compartir. Veamos un ejemplo:

Pedro y Rosa llevaban seis años de casados. Mientras él trabajaba un turno de 3 de la tarde a 12 de la medianoche, ella trabajaba en uno de 8 de la mañana a 5 de la tarde. Cuando él llegaba del trabajo, ella estaba durmiendo y cuando ella se levantaba para ir a trabajar, él estaba durmiendo. Los sábados ella limpiaba la casa e iba al supermercado, mientras Pedro se encargaba de los autos. Los domingos iban juntos a la iglesia hasta el mediodía y por la tarde visitaban por separado a sus respectivos padres.

Pedro y Rosa son un claro ejemplo de una pareja que no comparte una vida en común. Cada uno fue creando una rutina sin incluir al otro y poco a poco fueron estableciendo amistades e intereses que su pareja no compartía. Cuando en este caso surgió la idea de divorciarse, ambos reconocieron que llevaban bastante tiempo emocionalmente separados, aunque vivián bajo el mismo techo.

Si tu relación se asemeja a la relación de Pedro y Rosa, pero no deseas la separación, es necesario que vayas subsanando lo que está provocando la distancia emocional y física. Si tienes resentimientos, corajes o secretos, es necesario que trabajes para eliminarlos. Ya sea que busques ayuda profesional o que emprendas la tarea por tu cuenta, es importante que lo hagas lo antes posible. Mientras más tiempo transcurra, más aumenta el distanciamiento emocional. Una vez iniciado el proceso de desamor, solo puede ser detenido por la decisión y compromiso de *ambas* personas de trabajar juntas por salvar la relación. El amor no se recupera de manera sencilla o espontanea como cuando originalmente surge.

En la medida en que la pareja luche y se esfuerce como equipo para lograr resolver esos conflictos, aunque no los resuelvan a su satisfacción, si reconocen que juntos se esforzaron para enfrentarlos, crecerá y se fortalecerá la relación. Es clave rescatar la intimidad física y reestablecer las comunicaciones que afirman el *deseo* de estar unidos.

# Navegando la ambivalencia en la decisión de separarse

La persona que tiene ante su consideración la decisión de separarse experimenta mucha ambivalencia. Esa incertidumbre se manifiesta de muchas maneras. Un día se levanta pensando que quiere terminar la relación y otro día despierta con temor a equivocarse y quiere continuar en la relación. Hay personas que ante la misma incertidumbre se esfuerzan por tener momentos felices para inclinar la balanza hacia permanecer en la relación. Esto puede depender de su personalidad, estilo de toma decisiones, grado de independencia y situación económica, además de estar influenciada por la reacción social.

Algunos factores, por ejemplo, tienen que ver con la personalidad de quien toma la decisión. Si eres impulsiva y haces las cosas sin pensar mucho, es probable que anuncies la ruptura en un momento emocional. Por otro lado, si eres una persona que reflexiona mucho antes de decidir, es probable que la separación se prolongue. En esos casos la demora en tomar una decisión no se debe a la falta de información o a posibles errores, sino a la costumbre de pensar mucho y posponer lo que se puede decidir o hacer. Se va a tardar en decidir no porque le falta información o porque quizás se equivoca si no porque es su costumbre pensar y dejar para después lo que ya pudiera decidir o hacer.

Las personas que tienden a evitar tomar riesgos también tienen mucha dificultad para separarse. Si nunca han vivido sola de forma independiente, es posible que la idea de separarse le produzca mucha ansiedad pues no tiene la experiencia de manejar las tareas y responsabilidades de un hogar sin la ayuda o compañía de otra persona que le apoye. Por ejemplo, hay personas que nunca han dormido solas en un cuarto, lo que puede estar relacionado con miedos nocturnos no superados. De pequeñas compartían el cuarto con una hermana o hermano y luego salen del hogar de crianza ya casadas. Al separarse, el miedo y la ansiedad pueden surgir por estar sola, no necesariamente por el fin de la relación. Entre las preguntas que les hacía a personas que consideraban separarse no faltaba preguntar si habían superado los miedos nocturnos. Trabajé con muchas personas, hombres y mujeres, para superar estos miedos nocturnos y la angustia asociada con la separación desapareció.

También le resultará difícil tomar la decisión de separarse si es una persona que tiende a mantenerse firme con los compromisos contraídos, incluso si no le convienen o no son saludables. Algunas personas han sido educadas desde pequeñas en el valor de cumplir con sus promesas y enfrentar las consecuencias como un deber. El simple hecho de pensar en romper una promesa y quedar mal les causa mucha incomodidad y vergüenza. Si eres ese tipo de persona, es probable que veas la separación como una debilidad de carácter y un fracaso, especialmente si hubo boda y eventos públicos para celebrar la unión y el amor. Sin embargo, errar es humano y muchas veces, al comprometernos, no tenemos la experiencia o la fortaleza para poder evaluar adecuadamente esas decisiones ni para hacerlas cumplir. Algunos neurocientíficos afirman que nuestro cerebro a menudo no puede anticipar el futuro ni comprender completamente los compromisos de "toda la vida". En el momento, puede parecer lo correcto, pero con el tiempo y la experiencia, descubrimos que ya no lo es. Cuando he preguntado a grupos grandes de mujeres casadas si se volverían a casar sabiendo lo que saben ahora, muchas de ellas responden que no. Incluso mujeres de muchos años de matrimonio y con hijos han compartido que, al enamorarse no se dieron el tiempo suficiente para conocer a sus parejas antes de aceptar la propuesta de matrimonio. Se sintieron ambivalentes y con reservas, pero no se atrevieron a detener el compromiso. En el presente pueden repetir el patrón que las llevó a equivocarse en el pasado, pero pueden elegir hacerlo de manera diferente. Si lo desean, pero les resulta difícil debido a su forma de ser, pueden solicitar la ayuda de algún profesional en conducta humana.

Por otro lado, ninguna relación de pareja será ideal porque no están libre de conflictos. En la interacción con otro ser humano, sobre todo si es una relación de intimidad, siempre hay áreas de dificultad y posibilidad de mejorar. No es apropiado, entonces, tomar la decisión de separarte simplemente porque existen conflictos y dificultades. Debes evaluar los aspectos positivos de tu relación y ponerlos en una balanza junto a los negativos.

Veamos el ejemplo de Lourdes, quien luego de 10 años de casada decidió separarse. Su lista fue la siguiente:

| Positivos | Negativos |
| --- | --- |
| Trabajador | no me escucha (no ha habido cambios) |
| Inteligente | no me atiende (ha cambiado muy poco) |
| Deportista | si me enfermo no me ayuda (no hay cambio) |
| Buen amigo | siempre se quiere imponer (no hay cambio) |
| Servicial con los demás | no me entiende cuando discutimos (no hay cambio) |
| Guapo | es irresponsable |

De todas las circunstancias negativas del listado, la más intolerable para Lourdes era la de irresponsable. Desde el inicio de la relación, ella trabajó para asegurar el pago de las cuentas, además de tener que recordarle a su esposo las citas, compromisos y detalles importantes. A pesar de sus muchos intentos para hacer mejorar la relación, ella nunca observó un cambio significativo en él. Lourdes tomó la decisión de separarse tras percatarse de que la irresponsabilidad de su pareja la ponía en un rol de madre más que de esposa.

Por otro lado, no consideres la ausencia de aspectos negativos como algo positivo. Por ejemplo:

*Después de 15 años de casada, Vivian pondera la idea de separarse de su marido. Lo describe como "muy bueno, porque no bebe, no fuma, no me agrede, no es infiel". Al preguntarle si él influye positivamente en su vida, ella sólo puede decir que él no le trae problemas. Sin embargo, Vivian desea separarse porque su marido tampoco es cariñoso, no conversa con ella, la vida sexual es prácticamente nula y no aporta económicamente al sustento del hogar.*

Si tu pareja no te agrede, no debes considerar esto como un elemento positivo ya que no se supone que lo haga. Es simplemente la ausencia de algo negativo. Cuando evalúes las características negativas de tu pareja, pregúntate desde cuándo han existido y si ha habido un cambio significativo en los últimos meses. Si tu pareja es deshonesta, pero hace un año mentía más que ahora, por ejemplo, quizás puedas identificar un patrón de mejoría. Si es así, toma en consideración ese progreso cuando estés evaluando la relación. Si aun así el resultado final es que hay más aspectos negativos que positivos, y a eso le sumas que cambiar uno de esos aspectos negativos toma mucho tiempo y que tu pareja no se muestra decidida a realizar la transformación, puedes considerar seriamente la separación como una opción.

Es importante, sin embargo, que a la hora de decidir tomes en consideración cuánto tiempo tardarás en resolver los conflictos. Las características y patrones de personalidad, por ejemplo, no se pueden cambiar tan fácilmente. Requieren que la persona reconozca la necesidad de cambiar y esté motivada a lograr la transformación. También necesitan un esfuerzo continuo, firme y significativo porque para cambiar no basta con desearlo. Entre las características de personalidad que resultan problemáticas en la relación de pareja figuran la dependencia (no se desenvuelve por su cuenta, ni toma iniciativas), autoritarismo, irresponsabilidad, dificultad para comprometerse, vicios, dificultad para expresarse, introversión, rigidez, terquedad, dificultad para respetar a otros, deshonestidad, machismo, dificultad para controlar impulsos agresivos, egoísmo, egocentrismo, narcicismo, sadismo y dejadez.

Por otro lado, es importante entender que situaciones como el maltrato emocional y físico son tan negativas para el bienestar y salud mental de ambas personas que típicamente cuando están presentes en la relación es muy probable que la opción más sabia es la separación. Sobre maltrato emocional y físico le estaremos dedicando una sección más adelante. La infidelidad, abandono, desconsideración y falta de respeto en la relación, sólo se pueden cambiar cuando se logra un esfuerzo significativo de ambas partes. Las conductas adictivas, como el alcoholismo, drogadicción y apuestas, también tienden a tomar mucho tiempo en ser superadas.

Otro criterio que debes tomar en consideración cuando estés decidiendo si te separas, es el grado de crecimiento personal que has logrado dentro de tu relación. Compara la vida que llevabas antes de unirte a tu pareja y la que llevas ahora. Debes evaluar cómo la relación ha ayudado o no a mejorar la calidad de tus relaciones con otras personas, tu nivel de autoestima, tus buenas cualidades y tus deficiencias. Si el balance de esa comparación es hacia el crecimiento y mejoramiento personal, es posible que sea temporero el malestar que sientes en tu relación. Si, por el contrario, el balance se inclina hacia un deterioro continuo, aunque sea lento, debes considerar la necesidad de realizar un cambio significativo, que podría incluir la alternativa de la separación.

Es cierto que a veces las personas cercanas pueden tener una perspectiva más objetiva de la relación de pareja y pueden señalar aspectos que la pareja misma no ve. Es importante considerar diferentes puntos de vista antes de tomar una decisión tan importante como la de separarse. La gente tiende a ver con más claridad el aislamiento social, el abandono de metas y el descuido personal. Pregúntales a las personas allegadas a ti cómo te ven para que puedas hacer una mejor evaluación del impacto de tu relación en ti y en tu pareja. Por ejemplo, cuestiónate, "¿Ha progresado y crecido mi pareja mientras yo he permanecido estancada?"

Numerosas personas no se dan cuenta de cómo características de personalidad pueden afectar su relación de pareja hasta que ya están profundamente involucradas. Es importante ser consciente de estas posibles problemáticas y abordarlas de manera constructiva. Hay que reconocer estas características y evaluar cómo afectan la relación antes de tomar decisiones trascendentales. Por otro lado, es clave entender que, aunque las situaciones tienen la posibilidad de mejorar, se debe tomar en consideración cuánto tiempo tomará ese proceso de mejora, cuán lento o rápido será el progreso. Le corresponde a cada persona decidir si está o no dispuesta a intentar resolver los conflictos de la relación sin importar cuánto tiempo les tome. **La relación de pareja es única y personal, sólo tú conoces tus límites y hasta dónde estás dispuesta a llegar.**

Si finalmente evalúas que tu relación ha representado un deterioro en general, necesitas lograr un cambio. Si has intentado mejorar la relación y has buscado ayuda, pero tu pareja no ha participado en esos esfuerzos, la separación podría ser una opción saludable. Es frecuente observar personas que piensan que la relación se podría salvar si se espera un poco más de tiempo. Sin embargo, es importante que entiendas que, si tu pareja no participa, los conflictos significativos no se resolverán aún cuando le des muchas más oportunidades.

Muchas personas me han preguntado si su relación tiene posibilidades, aunque su pareja rehúse participar en el proceso de resolver los conflictos. Aunque toda relación se debe trabajar con empeño, existen ciertas uniones que no deberían continuar. En esos casos la decisión de separarse es la más sabia, aunque también la más difícil. Muchas personas logran entender que su relación de pareja no es saludable, pero no logran iniciar la ruptura. Entender que una relación debe terminar no significa que la persona podrá separarse en ese momento, porque el proceso de ruptura es complejo. La decisión de separarse se puede postergar debido al factor económico, los hijos, el temor a la soledad y el miedo a la reacción de la pareja y de personas allegadas.

Muchas personas que se arrepienten de separarse al reflexionar sobre lo aprendido después de la separación se culpan por haber tardado en decidirse. Es importante entender que las decisiones siempre conllevan riesgo, ya que el futuro es incierto. No hay garantías ni espejos que te muestren el futuro. Solo viviendo la experiencia de la separación sabrás si fue una decisión sabia. No puedes predecir el futuro, por lo que decidir hoy basándote en un mañana desconocido es imposible. Puedes hacer estimaciones y proyecciones, pero no pospongas decisiones esperando tener certeza. Solo viviendo la experiencia de la separación sabrás si fue una decisión sabia. No te exijas actuar hoy como si tuvieras la sabiduría del mañana.

# El temor a la reacción
# violenta de la pareja

Enamorarse de una persona que es maltratante no hace ningún sentido lógico. La experiencia de las personas que sufren el maltrato psicológico o físico en su relación es que se enamoran de alguien que no les parece peligroso. Esas relaciones comienzan como muchas. Alguien les hace un acercamiento y luego procede a convencerlas de que serán felices a su lado. En una combinación de estrategias de enamoramiento y promesas de una vida de amor y prosperidad la pareja queda convencida de que está con la persona que la hará feliz. La etapa de enamoramiento pocas veces se vive con instancias de conducta agresiva o peligrosas. Típicamente, esa conducta surge cuando la persona que maltrata entiende de manera inconsciente o consciente que ya tiene control sobre su víctima. Ya sabe qué decir y qué hacer para que ella lo perdone o no se de cuenta de que vive un maltrato.

Se da un patrón de muchas conductas manipuladoras que nublan el juicio de la víctima. Por ejemplo, cuando surge un incidente de insultos es bien probable que esté acompañado de una explicación y acusación de que ella lo provocó. La hace responsable de activar su coraje y su descontrol. Siendo así, lo único que debe pasar para que no se repita la conducta es no provocarla. Por ejemplo: no mires a otro, no me prepares la comida de esa manera, no me cuestiones, etc. Si ella se comporta él también lo hará. Si la conducta es un control excesivo sobre ella, este se da porque él tiene el deber de proteger la relación y ella no se está dando cuenta de cómo la pone en peligro.

El patrón de maltrato emocional y físico durante la relación de pareja con frecuencia se manifiesta con periodos y conductas amorosas alternados con otros de agresiones verbales y físicas. En una relación donde peligra la vida y bienestar emocional de la pareja no todos los días son violentos. Esa dualidad de experiencias y otros elementos hacen muy difícil que la víctima entienda que la relación es tóxica y que no va a cambiar.

Para la persona maltratada hay varios elementos que la

hacen dudar de su percepción y decisión de terminar la relación. En éstas la ambivalencia se une al temor de empeorar su situación y hasta perder la vida con la decisión de separarse. Más allá de lograr entender que ella no es la culpable, debe entender que el amor no va a cambiar a su pareja. No lo cambio su amor por ella o el amor que ella le tenga. Es una problemática que es muy compleja y aun cuando la persona recibe ayuda profesional toma muchísimo tiempo en cambiar y usualmente antes de cambiar tiene varias recaídas e incidentes que ponen en peligro la vida y la salud mental de su pareja e hijos.

Aunque hay mucha variedad de las relaciones hay algunos elementos cruciales de cómo se da la violencia y el maltrato que se pueden identificar. Para empezar, no todas las personas maltratantes son iguales. Hay personas que maltratan emocional y verbalmente. Estas nunca levantan su mano para agredir, pero el trato con su pareja va destruyendo su autoestima, provocando muchas inseguridades, va aislando a su pareja de personas importantes en su vida y que pudieran abonar a su bienestar y van provocando que económicamente sean muy dependientes de su pareja. Al cabo de un tiempo la víctima no confía en su familia ni en sus amistades. Tampoco confía en su juicio y su capacidad de hacer vida independiente y vive muy atemorizada.

Si para tomar la decisión de terminar una relación es difícil lo es más aun para las víctimas de maltrato. La capacidad de tomar decisiones es una de las áreas que va debilitando a la pareja. Típicamente no les permiten tomar decisiones por sí misma.

Recuerdo a una mujer ejecutiva que se da cuenta que su relación no era saludable cuando llega al supermercado y no se atreve escoger una lata de habichuelas de 35 centavos cuando en su empleo ella tomaba decisiones que implicaban miles de dólares. No se atrevía a equivocarse por como él reaccionaba si ella cometía errores. En otro ejemplo, un hombre maduro e inteligente me narró que cuando llegaba a su hogar se sentía como si estuviera caminando sobre huevos por lo impredecible de la reacción violenta de su esposa. Al entrar por la puerta no se sentía seguro de cómo anunciar su llegada por temor a la reacción de su esposa.

Por otro lado, la persona maltratante no logra aceptar que el maltrato cancela todo lo positivo que puede haber en la relación. Cuando la pareja le avisa de que no continuará en la relación si no cambia su conducta no puede entender la gravedad del maltrato. Muchos, inicialmente piensan que su pareja cambiará su decisión y seguirán juntos. Si ha habido incidentes de maltrato físico tienden a hacer responsable a su pareja de provocarles el coraje y la agresión. Luego piden perdón y prometen no volver a golpear o maltratar.

Sin embargo, con el paso del tiempo, el maltrato se repite, junto con los periodos de arrepentimiento y "paz".

En algunos casos, la dependencia emocional del maltratante hacia la pareja es tan intensa que la persona no puede imaginarse sin ella, llegando incluso a fantasías de violencia extrema. Otros recurren a tácticas de intimidación y buscan apoyo de familiares, amigos o líderes religiosos para que intervengan a su favor. Sin embargo, ceder a las súplicas y promesas de cambio generalmente no logra romper el patrón de abuso. Es crucial reconocer que el problema radica en la persona maltratante, no en su pareja.

Es vital que se busque ayuda profesional en casos de dependencia emocional extrema y pensamientos violentos. El amor no es suficiente para cambiar a la persona maltratante. Si sospechas que estás en una relación de maltrato es fundamental que busques ayuda profesional y protección.

Algunas personas evaden comunicar su intención de

separarse por miedo a la reacción de su pareja. Temen ser agredidas o que su pareja intente hacerse daño. Si tu pareja es una persona agresiva y tiene poco control de sus impulsos, debes buscar ayuda profesional antes de anunciarle tu decisión de separarte. Debes recibir orientación profesional no sólo sobre la mejor manera de comunicar tu intención, sino también sobre el proceso mismo de la separación. Si en el pasado tu pareja ha amenazado con suicidarse si la relación termina, también es necesario que busques ayuda profesional antes de comunicarle tu decisión. Recuerda que no es saludable mantenerte unida por miedo a la reacción violenta de tu pareja ya que la relación terminará de todas maneras. **No le haces ningún bien a tu pareja si permaneces a su lado sólo por el temor o la pena que le tienes.**

Es crucial que conozcas que existen centros de ayuda para personas que son maltratadas por sus parejas. Son lugares donde trabajan profesionales que tienen experiencia interviniendo en situaciones de maltrato. Allí te orientan en torno a tus derechos legales y alternativas de protección policíaca. Aunque ningún profesional puede garantizar tu seguridad, en estos lugares te pueden orientar sobre maneras efectivas de protegerte.

Es cierto que tratar de separarte de una persona agresiva

puede representar un gran riesgo. Las estadísticas sobre las mujeres asesinadas por su pareja tienden a mostrar que es más probable que las asesinen cuando están en el proceso de la separación que cuando permanecen en la misma. Pero también enfrentas un riesgo enorme permaneciendo en la relación.

# Entre la espada y la pared: la amenaza del suicidio

Son numerosas las personas que amenazan con quitarse la vida tras una separación. Incluso, las cartas de despedida que dejan las personas suicidas a menudo culpan a sus exparejas por sus acciones. Si bien es cierto que una separación puede causar un gran sufrimiento, la conducta suicida no es inevitable. El suicidio es responsabilidad de la persona que lo comete, no de su pareja, por más que parezca ser una víctima. Es una decisión equivocada que la persona toma ante lo que no puede cambiar. Aunque muchas personas piensan en quitarse la vida al separarse de su pareja, es importante entender que la separación no causa el suicidio. Si eres tú quien decide separarse, es probable que tu pareja se vea afectada emocionalmente. Aunque hayas tenido conversaciones y hayas sido clara al expresar tu descontento con la relación, es posible que tu decisión tome a tu pareja por sorpresa.

La esperanza es una de las estrategias emocionales que las personas utilizamos para aliviar el dolor de aceptar una realidad no deseada. Sin embargo, a veces la esperanza equivocada impide que la persona acepte la necesidad de cambio para mantenerse en la relación. La esperanza puede ser reconfortante ante una ruptura final, siempre y cuando sea la esperanza de superar el dolor y seguir adelante. Pero cuando la esperanza se convierte en una barrera para aceptar la realidad de la separación, puede obstaculizar el crecimiento personal.

La persona que se niega a aceptar que la relación ha terminado busca cualquier señal que confirme sus deseos. Si escucha palabras de aliento como "Ponlo en las manos de Dios", tiende a interpretarlo como una estrategia que hará que su pareja se arrepienta y regrese en lugar de verlo como una oportunidad para encontrar consuelo a pesar de la separación. No alimentes esas ilusiones. No le estás haciendo un favor si esperas que poco a poco se dé cuenta de que tu decisión es final. Debes comunicarte de manera simple, clara y firme. Los profesionales de ayuda pueden orientarte al respecto y ayudar a tu pareja a encontrar mejores alternativas para manejar su angustia ante la separación. Hay muchas otras maneras de superar el dolor, no tiene que ser la muerte. No intentes ser tú quien oriente a tu pareja suicida porque no te escuchará de forma objetiva y malinterpretará tus acciones. Es mucho más efectivo que una persona neutral intervenga en la situación. También existe ayuda para personas con ideas suicidas

# La reacción de la familia y amistades

La reacción de los familiares y amistades preocupa grandemente tanto a quien inicia la separación como a quien se le impone. Para ambos miembros de la pareja es importante la opinión y aceptación de la decisión de parte de sus respectivos padres. Hay personas que esperan, incluso, hasta la muerte de sus padres para terminar una relación por miedo a herir sus sentimientos o decepcionarlos. También hay gente que se separa de su pareja, pero prefiere no decirle nada a sus padres. Por lo general, las parejas tienden a ocultar las dificultades que están teniendo en la relación y a presentar una imagen de armonía y unión, para no causar preocupación a sus familiares y amigos.

Otras personas ocultan los problemas por orgullo, porque desean que la gente piense que fue sabia la decisión de casarse o convivir. Aunque algunas parejas logran mantener los problemas en secreto, la mayoría de las personas allegadas perciben la presencia de conflictos. Mientras más ajenos a los problemas mantengas a tus familiares y amistades, más difícil se les hará entender y aceptar la separación porque tu decisión no encajará con la imagen de estabilidad que le has proyectado de la relación.

Los familiares y amistades allegadas también tienden a querer imponer su opinión cuando la persona comunica de una forma confusa, débil y ambivalente su decisión de separarse. Mientras más clara estés en tu comunicación, más claros estarán tus familiares y amigos, aún cuando no estén de acuerdo con tu decisión. Es natural que ellos sientan coraje o tristeza ante la separación, pero sus sentimientos no deben ser razón para que cambies tu decisión. Hay familiares que la reacción a la ruptura tiene mucho que ver con la imagen ante la sociedad. Para muchas familias la cultura define lo que es una familia feliz y prospera a base de cuantos hijos exitosos, casados y con nietos tienen. Cuando surgen rupturas lo toman como un fracaso que habla de los padres y la crianza que les han dado a sus hijos. Se les hace muy difícil aceptar que la relación de pareja no permanece. Ellos ya tendrán la oportunidad de aceptar el cambio y aprender a ignorar la opinión de otros. Además, no te debes preocupar por el sufrimiento de tus familiares y amigos si a ellos les importa más el qué dirán social que tu felicidad.

En realidad, sería mayor el sufrimiento de todos, incluyéndote a ti y tu pareja, si permaneces en una relación que no te satisface.

Por otro lado, cuando los familiares y amigos entienden que la persona está clara sobre su decisión de separarse, tienden a compartir información sobre su pareja que habían guardado en secreto para no causar problemas. No es raro que, luego de anunciada la decisión de separarse, las personas allegadas ofrezcan información sobre posibles conductas infieles, roces, conflictos o fallas de la pareja. Muchas personas han logrado conocer realmente quién es su pareja luego de anunciar la separación, en ese momento descubren una realidad que las demás personas le habían ocultado. Todos sabían lo que hacía el cónyuge menos su pareja.

Si has decidido separarte, recomiendo que seas tú quien comunique la decisión a los familiares y amistades. Si tu pareja hace el anuncio, tenderá a justificar su posición y no la tuya. Tú quedarás, entonces, como la victimaria y tu pareja como la víctima. Aunque generalmente, quien inicia la separación es vista como la persona equivocada, la situación se agudiza cuando la otra persona es quien anuncia la separación. No te dejes llevar por la tentación de hacerle la situación más fácil a tu pareja ni por el miedo a enfrentar directamente a las personas allegadas. No delegues a tu pareja tan importante comunicación.

El proceso de separación es muy difícil para las personas que mantienen relaciones familiares y de amistad sólo a través de su pareja. Al separarse, estas personas quedarán sin el apoyo de amigos y familia. Esto le ocurre a la gente que abandona las relaciones con su familia de origen y sus amistades, para compartir sólo con las personas allegadas a su pareja. Al momento de separarse, estas personas se quedan sin una red de apoyo. Por lo general, en los procesos de ruptura la familia tiende a apoyar a sus hijos naturales y los amigos a la persona que originó la amistad. Si estás pensando en separarte, debes reestablecer tus propias relaciones familiares y de amistad. Es un buen momento para reiniciar aquellas relaciones que has abandonado o establecer nuevas amistades.

Es frecuente que la gente logre separarse con la ayuda o apoyo de una tercera persona. Puede ser un compañero de trabajo, un amigo, un consejero, un abogado o una persona que le atrae. Esta tercera persona le sirve de apoyo y le ayuda a mantener en perspectiva sus necesidades. Le ayuda a desahogarse y a ventilar sus temores, corajes y tristezas ante una persona "neutral". Es quien le recuerda, por ejemplo, que anteriormente, su pareja había prometido cambiar y nunca cumplió su promesa. O le refuerza que se debe mantener firme en su decisión aún cuando su pareja le exprese que la separación la hace sufrir y que necesita ayuda.

Cuanto más culpable se sienta la persona que inicia la separación más tentada se verá a hacerle el proceso más fácil a su pareja. En ese momento, la tercera persona le puede ayudar a tener una perspectiva más justa para ambas partes. Es importante que elijas a una persona de confianza para servirte de apoyo en el proceso de la separación. Si no tienes esa persona de confianza o si se te hace muy difícil el proceso de ruptura, considera la posibilidad de recibir ayuda de un consejero profesional, ya sea una trabajadora social, abogada, psicóloga. Recuerda, sobre todo, que debe ser alguien que consideres competente y objetivo, además de que debe estar dispuesto a darte apoyo.

# Comunicando la decisión: cómo abordar el tema de la separación con empatía

La persona que ha decidido separarse confronta el problema de no saber cómo **comunicar la decisión, cómo expresar que no desea continuar la relación.** En ese momento siente gran temor de que su pareja se violente, sufra o simplemente se niegue a aceptar la decisión. Es muy incómodo guardar el secreto de una decisión tan trascendental, especialmente si las razones de la decisión de separar incluyen problemas en la comunicación. Además, a medida que las personas sienten deseos de separarse, comienzan a esquivar la presencia de su pareja debido al temor y ansiedad que les produce la idea de tener que comunicarle la decisión. Tienden a compartir y dialogar menos con su pareja, así como a evadir cualquier contacto significativo. Hay personas a quien se les hace difícil mirar de forma directa y a los ojos de su pareja porque piensan que esta se dará cuenta de su decisión.

Otra gente, a veces sin darse cuenta, busca provocar que sea la otra persona quien verbalice la idea de separarse. Veamos un ejemplo:

> Angel observaba que su esposa evadía su presencia. No lo llamaba por teléfono, se retiraba al dormitorio antes o después que él y no le hablaba cuando coincidían en el hogar. Si él se acercaba, ella se retiraba. Si trataba de besarla, ella se alejaba. Angel se sentía tan incómodo con la situación, que en una ocasión confrontó a su esposa: "¿ya tú no me quieres?, ¿ya no deseas estar conmigo?". La conducta de la esposa había logrado que Angel finalmente expresara lo que ella no se atrevía a comunicar.

Otro ejemplo claro son las personas infieles que dejan cartas amorosas o prendas de sus amantes en lugares donde su pareja pueda verlos, provocando la separación. Aunque sea la otra persona quien inicie los trámites para separarse, ha sido la persona infiel quien realmente ha iniciado la ruptura. Algunos expresan peticiones que no tienen sentido. Comparto un ejemplo muy común:

Marta lleva un tiempo observando que su esposo llega tarde del trabajo y que en los fines de semana se ausenta por horas diciéndole que ha estado realizando diligencias. Una noche él le anuncia que desea tener "espacio". Esa petición ella no la entiende ya que no es de acaparar su atención ni de ser exigente. Cuando ella le insiste en que le explique, él no logra aclararle lo que ese "espacio" significa, excepto que no le pregunte a dónde va o cuándo regresa. Luego ella descubre que él estaba manteniendo una relación con una compañera del trabajo.

El comunicar indirectamente el deseo de separarse puede dar lugar a malinterpretaciones y la evasión del problema. Es común que, si una persona que no desea separarse se da cuenta de que su pareja le es infiel, evite confrontar a su pareja por miedo a provocar la ruptura. Otras personas pueden entender que algo anda mal en la relación, pero no piensan que la separación sea inminente.

También existe gente que, en lugar de confrontar a la persona que desea separarse, adopta una actitud más cariñosa, atenta y comprensiva. En lugar de solicitar la separación, se esfuerzan por salvar la relación, complicando la situación para la persona que desea separarse. A menudo, estos intentos de salvar la relación resultan ser erróneos, ya que no abordan la problemática real de la relación.

Un ejemplo de esto es la persona que cree que debe verse más atractiva para mejorar la relación, pero su pareja desea separarse porque la considera muy superficial. Si la persona que no desea separarse finalmente logra comunicar que la relación está en crisis, también tenderá a expresar su convicción de que puede salvarla. Muchas personas acceden a la petición de su pareja de darle una nueva oportunidad, incluso cuando reconocen que probablemente no tendrá resultados positivos. Algunas personas otorgan esa nueva oportunidad con la esperanza de que su pareja se dé cuenta de que la relación no se puede salvar. Aunque parecen dar una nueva oportunidad, no hacen nada para salvar la relación y a veces hacen todo lo posible para que el intento fracase.

Otra estrategia indirecta que utilizan las personas que desean separarse es esperar a que su pareja cometa un error o una falta grave, para entonces anunciar su decisión de terminar la relación. Un ejemplo de esto son las personas que esperan que su pareja se enamore de alguien y se vaya. El problema con esta estrategia es que, a veces la pareja no comete ninguna falta o error. Algunas personas descubren, incluso, que durante este período sus parejas muestran un comportamiento ejemplar, como si supiera que están bajo observación.

**Las formas indirectas de comunicar la intención de terminar una relación suelen ser ineficaces.** Por lo general, la persona que desea separarse acaba teniendo que ser muy clara y específica. Cuando finalmente verbaliza su intención definitiva de separarse, su pareja le reprocha el que no haya sido honesta desde el principio. Es crucial entender que sólo necesitas verbalizar una frase: "deseo separarme de ti". El resto de la información que necesites comunicar será en respuesta a preguntas o acusaciones. Una vez que logres verbalizar la oración inicial, sólo necesitarás mantenerte firme y no retractarte. Ten en cuenta que cuanto más tiempo pase sin haber comunicado tu intención de separarte, más difícil te resultara expresar esa primera frase. Además, debes considerar que expresar tu decisión nunca será más difícil que permanecer en una relación que no deseas. Te aseguro que, si eliges una forma indirecta para comunicarla, a largo plazo tendrás muchas más complicaciones.

Aunque la persona que desea separarse quiera que su pareja comprenda que la relación ya no es saludable, las múltiples aclaraciones suelen generar más confusión. Es común que las personas que no desean la separación se sientan angustiadas al escuchar la decisión de su pareja. Se les hace muy difícil "entender" las razones, cuando en realidad lo que se les hace difícil es aceptar la realidad de la separación. También tienden a volverse irracionales e interpretan cualquier gesto de cariño como una esperanza de que la relación se podría salvar.

Si tu pareja suele reaccionar emocionalmente a las situaciones, es normal que le resulte difícil entender tu decisión de separarte. Sé breve en tus declaraciones y no intentes convencerla con innumerables ejemplos. Deja las explicaciones para después de la crisis inicial, cuando tu pareja esté más tranquila. También es necesario que no seas ambigua en tus declaraciones, ni envíes mensajes contradictorios con la intención de hacer la situación menos dolorosa y más fácil para tu pareja. No significa que debas ser cruel e insensible con tu pareja, sino que debes ser clara y firme en tu decisión

De igual forma, debes ser coherente en tus acciones. Si has comunicado tu intención de separarte, no continúes buscando o llamando por teléfono a tu pareja. Aunque tal vez sólo quieras asegurarte de que está bien, tu pareja puede interpretarlo como una señal de que deseas mantener la relación. La distancia física, aunque inicialmente dolorosa, facilita que ambos miembros de la pareja puedan reconstruir sus vidas. Es importante que comprendas que cada vez que tu pareja te vea o te escuche, experimentará un alivio momentáneo, seguido rápidamente por el dolor de la pérdida. Si extrañas a tu pareja en ciertos momentos, pero sigues decidido en tu decisión, no seas egoísta. No la busques, dale su espacio y permite que se adapte a vivir sin ti.

# Libérate de la carga: los sentimientos de culpa en la separación

La separación provoca angustia, por lo que es común percibir la situación como si hubiera un victimario y una víctima. Sin embargo, la persona que inicia la separación también experimenta dolor por la ruptura, además de tener que enfrentar la pérdida de su ideal de una relación estable y los aspectos positivos de la vida en pareja. Para muchos, esto implica incluso la pérdida de su estatus económico, así como de sus amigos y familiares. Por otro lado, la persona a la que se le impone la separación generalmente no está preparada para la ruptura y la sufre, incluso si en algún momento también haya considerado la posibilidad de separarse. La persona que no desea separarse sentirá herido su orgullo porque fue su pareja quien tomó la iniciativa de la separación.

De igual manera, la persona que inicia la separación a menudo se siente culpable por el dolor que su pareja está experimentando y puede llegar a considerarse una mala persona por buscar su propia felicidad. Esta culpa puede llevarla a renunciar a sus derechos y aceptar situaciones injustas con el objetivo de hacer el proceso de separación menos doloroso para su pareja. Por ejemplo, puede asumir la responsabilidad de deudas económicas que fueron contraídas en conjunto, dejar atrás sus pertenencias y someterse a acuerdos injustos. Por otro lado, la persona a la que se le impone la separación puede sentirse con derecho a exigir ayuda a su pareja.Veamos un ejemplo:

Nayda tomó la decisión de separarse después de varios intentos fallidos de salvar la relación. Al comunicarle a su pareja su decisión, se sintió extremadamente culpable. Cuando su pareja le expresó que quedaría en una situación económica complicada, Nayda se ofreció a asumir todas las deudas. Incluso, su pareja dejó de contribuir económicamente al hogar, ya que era Nayda quien permanecería en el apartamento. Sin embargo, su pareja hizo muy poco esfuerzo para encontrar un nuevo lugar para vivir. Argumentaba que ninguno de los apartamentos que visitaba era adecuado, ya que eran demasiado caros o estaban muy lejos de su trabajo. Aunque Nayda consideraba que la situación era muy injusta, no se pronunció al respecto, ya que ella fue quien decidió separarse.

Es crucial que comprendas que, para asumir toda la culpa de la separación, debes haber tenido toda la responsabilidad. Sin embargo, en una relación de pareja, la responsabilidad es compartida. Ambas personas contribuyen al éxito o fracaso de la relación. No obstante, es común que la persona que se sienta más culpable sea la que haya asumido mayor responsabilidad durante toda la relación. El sentimiento de culpa también atormenta a aquellos que entran en una relación sin amar suficientemente a su pareja. Estas personas eligieron a la persona incorrecta, pero no se atreven a expresarlo porque creen que su pareja los ama demasiado. Muchas personas confunden amor con atracción y luego no saben cómo rectificar ese error.

Es esencial entender que una relación de pareja no es un castigo ni una sentencia. Si alguien se equivoca al escoger a su pareja, no pierde su derecho a la felicidad. Del mismo modo, su pareja merece estar en una relación donde se le ame genuinamente. Es crucial corregir el error lo antes posible para que ambas partes puedan reconstruir sus vidas y encontrar su felicidad. Si te has dado cuenta de que no amas a tu pareja, muestra valentía y expresa tus sentimientos lo antes posible.

El sentimiento de culpa también puede surgir cuando la persona que no desea separarse solicita una nueva oportunidad y se le niega. Generalmente, las personas tienden a conceder numerosas oportunidades, a veces más de las necesarias. Sin embargo, es la oportunidad no concedida la que causa angustia, ya que se tiende a pensar que esa podría haber sido la que generara un cambio. Si has dado muchas oportunidades sin ver resultados positivos, es muy probable que una nueva oportunidad no transforme a tu pareja. Aunque las personas parecen muy motivadas a cambiar cuando se enfrentan a una solicitud de separación, esta motivación suele disminuir una vez que la ruptura se pospone.

No debes sentirte culpable por no conceder una oportunidad adicional, ya que no es necesario soportar diez incidentes de agresión o cinco de infidelidad para decidir separarte. Cuando comprendas que tu pareja no cambia o que ya no puedes tolerar más su comportamiento, ese es el momento adecuado para actuar. Recuerda que tu pareja debe respetar tu derecho a no estar sometida a una situación de infidelidad.

# El Temor a la Soledad
# luego de la Separación

Las personas inician una relación de pareja buscando a alguien con quien compartir tanto los momentos alegres como los tristes de la vida. Buscan compañía para actividades sociales, en lugares públicos o en casa. En una relación de convivencia, también se tiene la oportunidad de compartir tareas, pertenencias y amistades. Aunque la mayoría prefiere estar acompañada, la realidad es que muchas parejas se ven obligadas a tomar la decisión de separarse. En muchos casos, la separación implica comenzar una vida en soledad, lo que lleva a muchas personas a preferir estar mal acompañadas.

La soledad es uno de los sentimientos más intensos que se pueden experimentar, incluso en medio de una multitud. Muchas personas lo describen como un vacío profundo, mientras que otras lo asocian con ansiedad o inquietud. Algunas personas tienden a subestimarse cuando están solas, y otras pueden sentir lástima por sí mismas. La posibilidad de soledad a menudo se asocia con la separación, lo que lleva a muchas personas a posponer este paso. Algunas personas ven la presencia de su pareja como una forma de llenar un espacio, ya sea en la cama o en la casa.

Existen personas que, al encontrarse solas, experimentan miedo al imaginar situaciones como la presencia de espíritus, asaltos o desastres. Estas personas tienden a evitar la soledad, lo que les impide descubrir que los miedos suelen ser transitorios y superables.

Es natural que los primeros días después de una separación sean desafiantes. Se experimenta mucho miedo y puede parecer como si el mundo se estuviera derrumbando. Si eres de las personas que busca compañía por temor a la soledad, nunca superarás ese miedo. Es más beneficioso probar otras estrategias, como encender la televisión, las luces, la radio, leer, rezar o reorganizar la casa. Si logras mantenerte ocupada y distraída mientras estás sola, descubrirás que tus miedos son infundados. Una vez superada esta fase inicial, es posible que descubras que puedes disfrutar de la soledad. Aprenderás a ser tu propia compañía, a disfrutar del tiempo que pasas sola y a valorar a las personas con las que compartes tu espacio y tu tiempo. Intenta rodearte de personas que te enriquezcan y te hagan sentir bien.

Si estás considerando la separación, comienza a exponerte a realizar tareas por tu cuenta. Prueba cómo sería tu vida sin tu pareja. Por ejemplo, empieza a hacer las compras y las diligencias por tu cuenta. Ten en cuenta que al principio sentirás ansiedad e incomodidad, pero te irás sintiendo mejor a medida que continúes haciéndolo. Incluso llegará un momento en que te sentirás más independiente y segura que nunca.

# La Separación y su Impacto en los Hijos

El proceso de separación puede ser más desafiante para aquellos que tienen hijos. Muchas personas que desean separarse optan por permanecer en la relación para proteger a sus hijos del impacto del divorcio. Sin embargo, es crucial recordar que los hijos no deben ser el fundamento de una relación de pareja, ni se debe disputar su custodia por egoísmo o por el deseo de causarle dolor a la expareja.

Es esencial entender que muchos hijos quedan marcados emocionalmente por la relación conflictiva entre sus padres. Muchos se resienten profundamente por el maltrato, las peleas y la distancia que perciben entre sus progenitores. Los hijos tienden a imitar la conducta de sus padres y a comportarse de la misma manera cuando son adultos. Por ejemplo, muchas personas maltratan a sus parejas e hijos de la misma manera que experimentaron con sus propios padres. Evalúa cuidadosamente qué están aprendiendo tus hijos de tu relación de pareja y decide si eso es lo que deseas para su futuro.

Durante el proceso de separación, es crucial comunicar a tus hijos cómo la ruptura afectará su vida cotidiana. Deberías explicarles qué aspectos cambiarán y cuáles permanecerán iguales. Si es necesario, informa si tendrán que cambiar de escuela, si se mudarán a una nueva casa, con cuál de los dos padres vivirán y cuándo verán al otro. Proporcionar información específica les ayudará a hacer los ajustes necesarios. Además, es vital que los padres que deciden separarse eviten acusaciones mutuas o intentos de pintar a su expareja como el villano ante los hijos. Es importante recordar que la relación que termina es la de la pareja, no la de padre e hijo.

Es importante establecer una rutina nueva pero estable con tus hijos. Los cambios son más fácilmente tolerados cuando se mantienen en un ambiente de estabilidad y confianza.

# El Proceso de Separación: Pasos y Consideraciones

Aunque hay diversas formas de terminar una relación, todas conllevan cierto grado de dolor. Aquellos que deciden separarse a menudo buscan una forma de hacerlo que minimice el sufrimiento tanto para ellos como para su pareja. A veces, se intenta una separación gradual, con la idea de que el dolor de la ruptura será menos intenso si se realiza poco a poco. Sin embargo, este tipo de separación puede generar más angustia, ya que la presencia constante de la persona que inicia la separación puede alimentar las esperanzas de la otra parte. Cuanto más contacto mantengas con tu pareja, más probable será que le transmitas tu indecisión sobre la separación. Esto dificultará la adaptación al cambio y la reconstrucción de sus vidas individuales. La separación gradual es una estrategia que a menudo genera más problemas de los que resuelve.

No prolongues el proceso de separación física con tu pareja. Aunque es difícil y poco común lograr una separación abrupta, tampoco debes prolongar el proceso de ruptura. Es crucial que te prepares para la separación y realices los ajustes económicos necesarios. Si estás considerando la separación, evita participar en la compra conjunta de una casa, un automóvil u objetos de valor que representen un compromiso significativo con tu pareja.

La división de los bienes compartidos también puede ser un proceso desafiante y emocionalmente cargado. Algunas personas pueden evitar hacer las divisiones correspondientes para eludir conflictos. Aunque ceder todas las pertenencias a la pareja puede parecer la opción más fácil en el momento, muchos lamentan esta decisión una vez que el impacto inicial de la separación ha pasado. Los bienes, como la casa, los muebles, la ropa, los autos, las mascotas y los ahorros, son representativos del estilo de vida que se compartía como pareja. Por lo tanto, puede ser tentador renunciar a estos para eliminar cualquier recuerdo de la relación. Sin embargo, si este es tu caso, sería más beneficioso tomar lo que te pertenece y luego decidir si deseas venderlo o regalarlo. No cedas tus bienes por impulso, ya que puedes arrepentirte más tarde, especialmente si tu expareja parece estar viviendo cómodamente. Es útil que ambos hagan una lista de sus respectivas pertenencias y solo negocien aquellos bienes que aparecen en ambas listas. No es necesario discutir sobre cada artículo en las listas. Si surgen conflictos significativos, la ayuda de un abogado o un amigo imparcial puede ser muy útil.

Las llamadas telefónicas frecuentes después de la separación pueden prolongar el periodo de adaptación a la ruptura. Es común que la persona que inicia la separación reciba llamadas de su expareja, en las que se reclama, se queja, a veces se amenaza o simplemente se busca una excusa para mantener viva la relación, aunque sea a través del teléfono. Aunque no debes ser cruel, es importante ser firme en evitar este tipo de comunicación. Si tu expareja no entiende o no respeta los límites que estableces, entonces puede ser necesario tomar medidas más drásticas, como cambiar el número de teléfono o solicitar que no se te pasen sus llamadas. Los bloqueadores de llamadas y textos en los teléfonos celulares pueden ser útiles en estos casos, ya que te permiten seleccionar las llamadas que deseas responder.

Es crucial que, cuando te sientas mal, evites llamar a tu expareja, ya que esto podría causarle un gran daño. En su lugar, llama a un amigo y comparte tus sentimientos. Es común que la persona que inicia la separación busque consuelo en su expareja durante momentos difíciles. Algunas personas incluso insisten en mantener una amistad con su expareja, sin entender lo doloroso que puede ser para la otra persona. Es importante que comprendas lo doloroso que puede ser el proceso de separación para tu expareja, por lo que no deberías exigirle que sea tu amiga en este momento.

Es posible que lo logres una vez que se haya adaptado a la separación. También es crucial que no interfieras en las nuevas relaciones que tu expareja decida establecer. Evita promover o permitir que amigos o familiares actúen como intermediarios de tu expareja. Solicítales que se abstengan de transmitir mensajes. Si no respetan tu petición, considera limitar el contacto con ellos durante un período inicial.

# Manejando la percepción del abandono

La persona que atraviesa una separación experimenta las etapas típicas de un proceso de duelo ante la pérdida de un ser querido. Inicialmente, se niega a aceptar la realidad y puede sentirse aturdida cuando su pareja expresa que no desea continuar con la relación. Puede preferir pensar, por ejemplo, que su pareja simplemente necesita un tiempo para reflexionar. Incluso cuando la persona comienza a aceptar que su pareja desea separarse, puede intentar mantener viva la ilusión de que la relación es permanente. Si tu pareja ha expresado su intención de separarse, es muy probable que te encuentres sorprendido o en crisis. Cuanto más tiempo tardes en salir de esta fase inicial, más difícil te resultará adaptarte a la realidad.

Es crucial que no insistas en ignorar la realidad, ya que solo estarás prolongando el proceso.

Una vez que las personas aceptan la separación, tienden a idealizar la relación, lo que intensifica la sensación de pérdida y aumenta la creencia de que no podrán vivir sin su pareja. Nadie es perfecto, por lo que es probable que tu pareja haya tenido sus defectos. Cuantas más deficiencias de tu pareja puedas identificar, menos doloroso será el proceso. Haz un balance de lo bueno y lo malo de la relación, quizás tus amigos cercanos puedan ayudarte a hacerlo.

Los sentimientos de culpa y los deseos de revertir la situación son comunes en la persona a la que se le ha impuesto la separación. Esta persona intenta entender qué salió mal, pensando erróneamente que si lo identifica podrá salvar la relación. Generalmente, las relaciones se deterioran por múltiples razones y por la responsabilidad de ambas partes. Aunque logres identificar algunas de tus fallas, aún quedan por identificar las de tu pareja. Si después de la separación decides cambiar o mejorar los defectos que tu pareja identificó en ti, debes hacerlo como un objetivo personal de crecimiento. Esto es necesario porque si logras realizar los cambios y aun así tu pareja no vuelve a la relación, sentirás que te has esforzado en vano. Es importante que hagas todo por ti y no por salvar la relación.

Si deseas superar la separación, tendrás que luchar contra la depresión que sentirás ante la pérdida de tu pareja. Es normal que en un momento de ruptura surjan el desánimo, la desorientación, la irritabilidad y la confusión. Muchas personas experimentan episodios de llanto que llegan sin previo aviso. Otras sienten un fuerte dolor en el pecho, con dificultad para respirar. Algunas personas comienzan a tener problemas para dormir, descuidan su apariencia física y pueden verse afectadas en su rendimiento profesional y familiar. Sin embargo, si logras hacer los ajustes necesarios, descubrirás que estos síntomas son temporales.

Es crucial que establezcas una rutina diaria y resistas la tentación de aislarte para llorar o dormir. Aunque no tengas ganas o energía, es necesario que te obligues a salir de casa, cuidar de tu apariencia, realizar tareas y socializar con personas que puedan brindarte apoyo. Aunque al principio no puedas mantener un alto nivel de actividad, con el tiempo recuperarás tus energías.

Si no tienes ánimo para realizar actividades, es recomendable que las vayas incorporando gradualmente. No te exijas demasiado. Si estás en el trabajo y te sientes triste o con ganas de llorar, dedica un breve tiempo para ti. Por ejemplo, puedes reservar cinco minutos de cada hora para usarlos cuando sientas la necesidad de llorar. Oblígate a esperar hasta que lleguen esos cinco minutos para liberar tus emociones. No intentes reprimir tus sentimientos durante ocho horas seguidas y trata de utilizar el trabajo como una forma de distracción.

También es importante que busques el apoyo de personas que puedan escucharte y motivarte. Personas que te ofrezcan alternativas saludables. Es crucial que comprendas que los medicamentos para los nervios sin supervisión médica, el alcohol y las drogas no son soluciones efectivas, incluso si te sugieren que las uses hasta que te sientas mejor.

Ten en cuenta que estas sustancias pueden generar adicción, lo que podría resultar en un problema aún mayor. Exprésate con las personas que te apoyan, pero hazlo cuando estén disponibles. Si les hablas mientras están ocupadas o son interrumpidas, sentirás que no te están prestando atención. Es mejor tener diez minutos de atención completa que cinco horas con constantes interrupciones.

Es esencial que te familiarices con las habilidades necesarias para llevar una vida independiente. Investiga, pide orientación a tus amigos. Si logras hacerlo, te sentirás mejor y transformarás la separación en una experiencia de crecimiento personal.

# Reflexiones Finales

Romper los lazos que unen a dos personas es difícil y doloroso. Sin embargo, esa ruptura es necesaria cuando los lazos perjudican el crecimiento y bienestar de alguna de las dos personas. No se debe insistir en mantener una relación por tradición o compromiso, si realmente no cumple con el propósito de una relación de pareja.

Las personas que se unen por amor establecen lazos que deben promover el crecimiento de cada miembro de la pareja. Es por eso por lo que, si los intentos de rescatar la relación no dan frutos, es necesario salvar los miembros y romper los lazos.

El proceso de separación se emprende por amor propio y respeto a la pareja. La persona a la que se le impone la separación, al igual que la que inicia la ruptura, necesita desarrollar valentía para salir airosa del proceso. Si bien es doloroso y difícil, ambas personas tienen la posibilidad de desarrollar un sentido mayor de individualidad y auto valía. No le temas al futuro porque en este momento estés viviendo cambios difíciles. Se valiente y lucha por tu bienestar.

La mayoría de las personas que toman la decisión de separarse luego de evaluar bien la situación y actuar responsablemente, tienden a no arrepentirse de su decisión. Para muchas personas la separación puede representar una liberación y un reencuentro consigo misma. Es una oportunidad para que la gente crezca y aprenda a valorar mejor lo que es una relación de pareja.

Te recomiendo que después de separarte, no entres rápidamente en una nueva relación. Toma tiempo para volverte a conocer y reflexionar sobre las experiencias que viviste. Si identificas en ti unos patrones que deseas cambiar, este es el momento para hacerlo. Si sientes que no puedes hacerlo sola, busca ayuda profesional. Es importante aprovechar este tiempo para sanar heridas de forma que te prepares para emprender de nuevo, pero con mayor madurez y claridad, la tarea de establecer una relación de pareja.

www.ingramcontent.com/pod-product-compliance
Lightning Source LLC
Chambersburg PA
CBHW051547120626
46551CB00013B/1400